hänssler

INGRID GIGER / UTE MAYER (Hrsg.)

Wenn Mütter beten

Ingrid Giger, Jg. 1943, ist gebürtige Schwedin. Sie ist verheiratet und hat zwei inzwischen erwachsene Kinder.
Ingrid Giger brachte die Idee der Gebetsinitiative »Moms in Touch International« nach Deutschland und ist Koordinatorin für Deutschland. Der deutsche Zweig dieser Bewegung von Müttern, die für ihre Kinder und deren Schulen beten – »Mütter in Kontakt« – hat seinen Sitz in Schorndorf.

Ute Mayer, Jg. 1966, arbeitet seit ihrem Germanistik- und Linguistikstudium mit Magisterabschluss als freiberufliche Verlagslektorin und hat diverse Bücher herausgegeben. Sie ist verheiratet, Mutter von zwei Kindern im Schulalter, lebt in Weil der Stadt und nimmt dort an einer »Mütter in Kontakt«-Gruppe teil.

Hänssler-Taschenbuch
Bestell-Nr. 393.940
ISBN 3-7751-3940-0

Internet: www.haenssler.de
E-Mail: info@haenssler.de
Umschlaggestaltung: Ingo C. Riecker
Titelbilder: GettyImages, Photodisc; Mauritius. Die Bildagentur
Satz: AbSatz, Klein Nordende
Druck und Bindung: Ebner & Spiegel, Ulm
Printed in Germany

Die Namen der Kinder wurden aus Personenschutzgründen verändert.

Wir danken allen, die uns ihre
persönlichen Erfahrungen mit Gebetserhörungen
zur Verfügung gestellt haben!

Inhalt

Vorwort

Alle Frauen, die zu diesem Buch beigetragen haben, gehören zu einer bestimmten Gebetsbewegung. Es fing ganz bescheiden mit einer Mutter an, Fern Nichols (siehe auch Abschnitt »Mütter in Kontakt«). Sie hatte nicht im Geringsten den Gedanken, eine weltweite Gebetsbewegung zu initiieren. Sie war einfach darüber besorgt, wie ihre Kinder den Gruppenzwang, die vielen negativen und schlechten Einflüsse auf der »Junior Highschool« bewältigen sollten. Es war Fern Nichols sehr wichtig, dass die Werte, die die Kinder im Elternhaus vermittelt bekamen, nicht verloren gingen. Dank ihrer Entscheidung, ihre Ohnmacht Gottes Allmacht anzuvertrauen, treffen sich nun viele Tausende von Frauen auf der ganzen Welt in Gruppen, um wöchentlich eine Stunde konkret und gezielt für ihre und andere Kinder und deren Schulen zu beten.

Wie diese Idee nach Deutschland kam? Gottes Wege sind herrlich! Eine Schwedin lernt in Ägypten eine amerikanische Idee kennen und bringt sie mit nach Deutschland.

Wie froh bin ich, dass mir eine Freundin 1989 das »Moms In Touch«-Büchlein und eine Kassette mit der Radiosendung gab (siehe Abschnitt »Mütter in Kontakt«). Das Büchlein schrieb Fern auf Bitte der Gruppenleiterinnen, die Hilfe brauchten, um effektiv beten zu können. Was ich da las und hörte, bewegte und beeindruckte mich sehr. Ich dachte: »So eine super Idee und im Grunde selbstverständlich.« Doch mir war noch niemand begegnet, die das tat – zusammen mit anderen gläubigen Müttern die Nöte der Kinder bezüglich ihrer Schule vor Gott zu bringen. Was ist uns wertvoller als unsere Kinder? Liebe Mütter (und Väter)! – das ist doch *die Aufgabe* des Lebens: unsere Kinder *auf dem Weg* zu begleiten. Am Besten können wir das, wenn wir *sie gemeinsam vor den Thron Gottes bringen* (vgl. Matthäus 18,19).

Wir lebten damals in Ägypten, weil mein Mann dort beruflich zu tun hatte. Unsere zwei Kinder besuchten die Deutsche Evangelische Oberschule in Kairo. Meine Freundin und ich starteten für diese Schule eine *Mütter in Kontakt*-Gruppe. Ein Jahr später kehrten wir als Familie nach Deutschland zurück – und mit mir diese Idee.

Ich fand drei Mütter, die mit mir beten wollten. Wir hatten aber nur das Anleitungsbüchlein in Englisch. Es tat uns so gut, *unsere Sorgen zusammen auf den Herrn zu werfen* (vgl. 1. Petrus 5,7). Die ganze Zeit dachte ich: »Andere Mütter brauchen das auch.« Im Februar 1992 fragte ich dann in der Zentrale in Kalifornien an, ob das Heft schon ins Deutsche übersetzt worden war. Sie antworteten mit der Gegenfrage, ob ich es nicht versuchen wollte. Also fing ich an zu arbeiten. Es war mir vorher nicht bewusst, wie mangelhaft meine Kenntnisse der deutschen Sprache waren. Zwei Lehrerinnen korrigierten mich und im Sommer 1993 konnte ich das Manuskript zur »Moms In Touch International«-Leitung nach Kalifornien schicken. Ich dachte, sie würden es nun drucken und ich könnte gerade so viele bestellen, wie ich hier vor Ort gebrauchen konnte. Doch sie machten mir klar, dass das Büchlein in Deutschland gedruckt und verbreitet werden müsste. Jemand in Deutschland musste hinter der Sache stehen. Ich habe Gott viel Zeit eingeräumt, eine Frau zu suchen, die auch die nötige Qualifikation für so eine Aufgabe haben würde. Gott hat Zeit – und er arbeitet an uns und rüstet uns aus: So bin ich die Koordinatorin von *Mütter in Kontakt*-Deutschland geworden. Ich kann mit Paulus sagen: »*... seine Kraft ist in den Schwachen mächtig ...*« (vgl. 2. Korinther 12,9) und »*... mit meinem Gott kann ich Mauern überspringen*« (vgl. Psalm 18,30). Gott hat mich einen Weg geführt, auf dem ich laufend an meine Grenzen gestoßen bin. Heute kann ich sagen: Ich bin froh für alles, was ich lernen konnte und immer noch lernen muss und darf, um diese Arbeit zu bewältigen. Ich bin froh für alle tollen Frauen, denen ich begegnet bin und die sich auf verschiedenen Weise engagieren – sei es als Leiterin einer Gebetsgruppe oder auch darüber hinaus.

Ich möchte auch meinem Mann danken. Er hat mich für diese Aufgabe frei gestellt. Ohne seine Unterstützung und praktische Hilfe im Büro und Haushalt wäre mir das alles kaum möglich gewesen.

Wir sind Gott auch unendlich dankbar, wie er unsere Kinder führt. Sie stehen mit beiden Beinen mitten im Leben *und* haben die Verbindung nach oben. *Sie schämen sich des Evangeliums nicht.* Sie sind nun junge Erwachsene und in den Ausbildungseinrichtungen, in denen sie sind, hat jeder einen Gebetskreis angefangen. Sie beten, dass die jungen Leute, die mit ihnen eine Ausbildung machen, *zur Erkenntnis der Wahrheit* kommen. Wer weiß – vielleicht ist das der Same einer Bewegung »Schüler/Studenten/Lehrlinge in Kontakt«?

Ingrid Giger

Was geschieht, wenn Mütter beten?

Ihr Kind ist wieder einmal krank.

Ihre Tochter ist mit ihrer Klasse im Schullandheim – und ging eigentlich nur mit, weil »alle« mitgehen.

Ihr Sohn lässt sich von seinen Kumpels zu manchen »Dummheiten« verleiten.

Ihr Teenager findet es cool, schlechte Noten zu schreiben, weil er als Streber megaout wäre.

Kommen Ihnen diese Aussagen merkwürdig vertraut vor?

Dies ist ein Teil des Alltags von Müttern.

Wir sorgen für unsere Kinder, begleiten sie auf dem Weg ins (selbstständige) Leben, tun, was wir können – und merken doch spätestens, wenn sie in die Schule kommen, dass unser Einfluss nur begrenzt ist.

Wir müssen unsere Kinder loslassen. Ihnen vertrauen, dass sie sich auf dem Schulweg im Straßenverkehr richtig verhalten, im Unterricht konzentriert mitarbeiten, sich mit den »richtigen« Freunden abgeben …

Vertrauen ist gut. Aber wir haben noch eine großartige andere Möglichkeit von Gott geschenkt bekommen – das Gebet!

Wir können unsere Kinder nicht vor allem bewahren, bis sie erwachsen sind. Aber wir können sie im Gebet begleiten.

Wenn Mütter nicht für ihre Kinder beten – wer dann?

Gebet für unsere Kinder ist das Beste, was wir für sie tun können!

Das bedeutet nicht, dass wir dann keine Schwierigkeiten mehr mit der Erziehung unserer Kinder haben werden. Sie werden auch nicht ab sofort problemlos ihre Schullaufbahn hinter sich bringen.

Das Leben ist vielfältiger!

Wir haben es nicht in der Hand, wann Krisen am Horizont auftauchen. Doch Gott hat versprochen, uns zu begleiten. Wir dürfen mit ihm reden, ihm im Gebet all unsere Alltagssorgen bringen – kein Anliegen ist zu groß, keines ist zu klein.

Herausforderung Gebet

Gebet wird immer eine Herausforderung für uns sein. Vieles hält uns ab davon.

Es gibt zahlreiche Gründe, warum wir nicht beten können (wollen) – oder schlicht nicht dazu kommen:

- *»Ich habe einfach keine Zeit! Haushalt, Kinder, meine Eltern, die inzwischen meine Unterstützung brauchen ... Wo soll da noch Zeit bleiben?«*
- *»Ich habe schon so oft gebetet, aber nie eine Antwort bekommen. Ich bete für meine Familie, aber es ändert sich nichts.«*
- *»Ich kann einfach nicht konzentriert beim Gebet bleiben. Ständig gehen meine Gedanken spazieren. Kann das effektiv sein?«*
- *»Stille Zeit? Schön wäre es! Aber mit drei Kindern sieht das Tagesprogramm jeden Tag anders aus.«*
- *»Wie kann ich für mein Kind beten, so dass es wirklich hilfreich und sinnvoll ist?«*

Diese Argumente und Fragen haben alle ihre Berechtigung. Aber bleiben Sie dabei nicht stehen! Geben Sie nicht auf!

Gott selbst lädt uns ein, zu ihm zu kommen, mit ihm zu reden – zu beten!

Versuchen Sie es immer wieder! Die Zeiten ändern sich. Wir verändern uns. Vielleicht haben Sie nur den falschen Zeitpunkt zum Gebet gewählt. Vielleicht fehlt Ihnen der Rückhalt einer Gruppe.

Und denken Sie nur nicht, Sie würden mit dieser Herausforderung allein da stehen! Die meisten Frauen und Mütter werden – wenn Sie sie danach fragen – ähnliche Probleme haben und Stolpersteine kennen.

Kennen Sie die Geschichte von Maria und Marta (Lukas 10,38-42)?

Wie sehr wünschen wir uns, wie Maria zu sein: Bei Jesus sitzen, ihm zuhören, die Welt um uns ›vergessen‹.

Aber gleichen wir nicht viel eher Marta? Wir arbeiten und planen, packen oft viel zu viel in einen Tag – und sind am Ende des Tages enttäuscht und frustriert, weil wir unser Pensum mal wieder nicht geschafft haben (ganz zu schweigen davon, Zeit mit – *nicht für!* – Gott verbracht zu haben).

Aber das muss nicht so bleiben!

Freiräume für Gebet schaffen

Möglicherweise sind folgende Fragen und Tipps für Sie hilfreich:

Zum Nachdenken (und evtl. mit einer Person Ihres Vertrauens zu besprechen):

- Was hält mich wirklich vom Beten ab?
- Wie stelle ich mir eine ideale Gebetszeit vor? (Räumlichkeit, Umfeld, Zeit ...?)

Rechnen Sie mit Unterbrechungen!

- Legen Sie einen Notizblock und Stift bereit, um Gedanken und Einfälle, die Ihnen während der Gebetszeit kommen, zu notieren – und damit gedanklich ablegen zu können.
- Schalten Sie – falls vorhanden – den Anrufbeantworter Ihres Telefons ein oder schalten Sie den Klingelton des Telefons auf stumm.

Seien Sie kreativ!

- Schreiben Sie – statt eines Gebets – Gott doch einmal einen Brief!
- Nutzen Sie Zeiten während der Hausarbeit (Bügeln, Putzen, Spülen ...) zum Gebet.

Erinnerungszeichen

- Bringen Sie von Personen, für die Sie beten möchten (Ehepartner, Kinder, Freundin, Nachbarn, Missionare ...) ein Foto an einer Stelle im Haus an, an der Sie häufig vorbeikommen – und beten Sie dann kurz bewusst für diese Person.
- Nutzen Sie kleine Pausen in Ihrem Tagesablauf!
  Sie stehen in der Schlange vor der Supermarktkasse? Sie sitzen im Wartezimmer Ihres Arztes?

Sie stehen im Stau oder vor einer roten Ampel?
Sie sind auf dem Weg zum Kindergarten, um die Kleine abzuholen?

- *Beten Sie einfach!*

Oder möchten Sie einmal die folgende Variante probieren?

»Ich selbst bin schon seit vielen Jahren gläubig. Und doch hatte ich noch keine befriedigende Lösung für meine ›Stille Zeit‹ gefunden. Eigentlich wollte ich das immer machen, wenn die Kinder morgens aus dem Haus sind. Aber so oft kam etwas dazwischen bzw. sah ich die Arbeit, die ich noch ganz schnell davor erledigen wollte. Dann kam vielleicht ein Telefonanruf oder ich hatte einen Termin beim Arzt ... Und wieder war ein Vormittag vorbei, ohne dass ich mir Zeit mit Gott genommen habe! Nachmittags war dann keine Ruhe mehr möglich und am Abend war ich viel zu müde!

In einem Workshop erzählte Vreni H. dann von ›ihrem Geliebten‹, den sie morgens als Ersten trifft, und wie gut ihr das tut, die Beziehung zu Jesus zu pflegen und ihm den ersten Platz im Tag einzuräumen. Man konnte ihr richtig abspüren, wie begeistert sie von ihrem ›Geliebten‹ ist und wie ihr das die nötige Kraft und Ausrüstung für jeden Tag gibt. Sie erzählte, dass sie abends Jesus darum bittet, dass er sie morgens so rechtzeitig aufweckt, dass sie in aller Ruhe ›Stille Zeit‹ machen kann, bevor der Rest der Familie aufsteht. Und Jesus geht darauf ein! Er weckt sie zur richtigen Zeit!

Zu Hause ließ mich das nicht mehr los, Jesus die erste und beste (ruhigste) Zeit am Morgen zu überlassen. Ich bin eigentlich ein absoluter Morgenmuffel und komme nur sehr schwer ›in die Gänge‹. So konnte ich es mir eigentlich nicht vorstellen, dass das bei mir funktionieren könnte. Aber ich bat Jesus am Abend, er solle mich morgens so rechtzeitig aufwecken, dass ich noch Zeit hätte, mich mit ihm zu treffen. Ich bat ihn auch um seine Kraft, aufzustehen und nicht im Bett liegen zu bleiben. Jesus hat dieses Gebet wirklich erhört und erhört es immer noch! Wenn er mich aufweckt, ist das viel sanfter und angenehmer, als wenn der Wecker mich weckt. (…) Natürlich gibt es auch Tage, an denen es mir schwer fällt, oder ich schaffe es nicht, rechtzeitig aufzustehen oder die Gebetszeit fällt mir schwer. Ich muss auch noch erwähnen, dass meine Kinder ›groß‹ sind (8 und 11 Jahre), so dass sie mich nachts schlafen lassen.

Insgesamt kann ich dankbar sagen, dass sich meine Beziehung zu Jesus seither sehr verbessert hat und dass ich am Lernen bin, auch tagsüber in der Verbindung mit ihm zu bleiben und immer mehr mit ihm zu besprechen. Ihm sei alle Ehre dafür!«

Friedegunde

»Betet ohne Unterlass«?

Kennen Sie den Satz aus der Bibel »Betet ohne Unterlass«?

Mag sein, dass Sie jetzt denken, dass Paulus dabei wohl nicht den Zeitplan einer Mutter mit kleinen Kindern bedacht hat.

Sicher, echte Freiräume für unsere »Stille Zeit« sind eine wunderbare Sache, aber mit kleinen Kindern oft nicht zu realisieren. Doch diese Zeiten werden wieder kommen!

Gebet ist jedoch nicht an ein »Zeitfenster« in unserem Tagesterminkalender gebunden. Im Gebet stehen wir mit Gott in Verbindung – und das ist immer und überall möglich.

Eine Mutter sagte einmal: *»Gebet ist eine Art Lebenseinstellung – ich bin und bleibe in Verbindung mit Jesus.«*

Haben Sie manchmal Sehnsucht nach mehr Zeit für Gebet? Dann bitten Sie Jesus doch darum, Ihnen diesen Freiraum zu schaffen (siehe auch die Erfahrung einer Mutter im Abschnitt vorher).

Nutzen Sie die ganz alltäglichen Situationen in Ihrem Tagesablauf:

Sie kommen an der Schule Ihres Kindes vorbei? *Beten* Sie für die Klassenlehrerin oder die Lehrer allgemein!

Sie hängen die Wäsche zum Trocknen auf? *Beten* Sie für das jeweilige Familienmitglied, dem das jeweilige Kleidungsstück gehört!

Nehmen Sie die Wocheneinteilung als kleines Hilfsmittel. Beten Sie an jedem Wochentag für ein bestimmtes Kind oder ein spezielles Anliegen.

Versuchen Sie auch, Ihre Gebetsanliegen möglichst genau zu benennen. Manchmal sind wir frustriert, weil unsere Gebete scheinbar nicht erhört werden. Überlegen Sie sich, was genau Ihr Anliegen in Bezug auf ein Problem Ihres Kindes ist. Ein guter Freund in der Klasse? Konzentration für die nächste Mathearbeit? Durchhaltevermögen für das Vokabellernen?

Und – nicht vergessen! Sie dürfen auch für sich selbst beten: dass Sie die Gaben und Neigungen Ihres Kindes erkennen und fördern können; dass Sie hinter mancher schroffen Antwort Ihres Kindes die eigentliche Ursache erkennen …

»Beten ohne Unterlass« bedeutet auch, einen langen Atem zu haben, wenn Gottes Antwort auf sich warten lässt. Wem von uns fällt es nicht schwer, geduldig auf etwas zu warten, von dem wir nicht einmal sicher wissen können, dass es auch geschehen wird?

Augustinus gilt als einer der großen Kirchenväter. Lange Jahre sah sein Lebenswandel aber überhaupt nicht danach aus. Doch seine Mutter, Monica, betete unentwegt für ihn. Egal, wie er sich als Jugendlicher und junger Erwachsener auch verhielt – seine Mutter betete weiter für ihn, dass er zu einem lebendigen Glauben an Jesus kommen möge.

Geben Sie nicht auf! Suchen Sie sich – wenn möglich – eine Gebetspartnerin oder -gruppe, die Sie unterstützen kann, wenn sich Resignation breit machen möchte.

Gebet für die Schule

Wenn wir unsere Kinder am ersten Schultag zur Einschulungsfeier begleiten, haben wir sie in der Regel mit allen notwendigen Utensilien ausgestattet. Sie sind angemessen gekleidet, Turnbeutel, Stifte, Hefte, Pausenbrot – an alles haben wir gedacht.

Trotzdem können wir nicht alles planen. Unsere Kinder sind im Unterricht, auf dem Schulhof und Schulweg vielen Einflüssen ausgesetzt: Sie lesen Bücher, die wir ihnen vielleicht nicht geben würden. Sie sind dem Erwartungsdruck der Lehrer und vor allem der Klassenkameraden ausgesetzt. Sie spüren, dass Leistung von ihnen gefordert wird …

Wir können mit unseren Kindern nicht in die Schule gehen, aber wir können sie im Gebet begleiten!

»Was mich am MIK-Gebet von Anfang an begeistert hat, war die Möglichkeit, einen Teil der manchmal so schwer wiegenden Verantwortung für unsere Kinder an Gott abgeben zu können. Die Gewissheit, dass er für sie sorgt, wo ich nicht bei ihnen sein kann, dass er sie behütet und leitet und sich um all ihre Bedürfnisse kümmert, hat mich immer wieder erleichtert und mir geholfen, zuversichtlich, vertrauensvoll und entspannt in die Zukunft schauen zu können.

Außerdem hat der Aufbau des MIK-Gebets sowie die intensive Beschäftigung mit den vier Schritten des Gebets mein persönliches Gebetsleben grundlegend verändert und ganz neu belebt.«

Gerlinde

Fern Nichols, die Gründerin von »Moms in Touch International«, hatte den Wunsch, für ihre Kinder zu beten – und was für eine Bewegung hat sie damit ausgelöst!

Das Gebet in der Gruppe für unsere Kinder und deren Schulen hat viele Vorteile, z. B.:

- Ein fester Zeitpunkt in der Woche ist leichter einzuhalten, als der vage Wunsch, irgendwann einmal pro Woche dafür Zeit zu haben.
- Die anderen Mütter der Gruppe können ermutigen, durchzuhalten.

Eine Mutter beschrieb es einmal wie folgt:

»Was mir beim Gebet mit anderen Müttern am eindrücklichsten ist? Ich denke oft, dass ich weiß, was mein Kind benötigt – bis eine andere Mutter für etwas betet, an das ich nie und nimmer gedacht hätte. Danach betet die nächste Mutter für mein Kind – und bringt wieder einen völlig anderen Gedanken ein. Langsam erahne ich etwas von der Macht und den Möglichkeiten Gottes!«

Es genügt schon, wenn sich zwei oder drei Mütter zusammentun, um für ihre Kinder und deren Schulen zu beten.

Wir dürfen Gott aber auch bitten, dass er neue Mütter motiviert, sich unserer Gruppe anzuschließen. Vielleicht gibt es dann irgendwann für jede Schule einen Gebetskreis von Müttern.

Unrealistisch? Wir dürfen gespannt sein!

Wie Gott antwortet

Gottes Antworten auf Gebete sind sehr vielfältig.

Die folgende Auswahl von Gebetserhörungen soll wie ein bunter Strauß die Vielfalt der Anliegen, Herausforderungen und Lösungswege aufzeigen.

(Zum besseren Verständnis: Für *Mütter in Kontakt* wird oft die Abkürzung *MIK* verwendet!)

Man kann nicht früh genug anfangen

Seit einem halben Jahr treffe ich mich mit einer anderen Mutter zum Gebet für unsere Kinder im Kindergarten. Ich finde, die Kindergartenzeit eignet sich hervorragend zum Starten einer MIK-Gruppe, weil man noch so viel Kontakte zu den anderen Müttern hat, allein durch das Hinbringen und Abholen.

In unserer zweiten MIK-Stunde haben wir für Fabian (5 ½ Jahre) gebetet. Sein »Freund« hatte das Sagen, was er sagte, geschah. Und Fabian hat alles mitgemacht. Wir haben konkret gebetet, dass aus der Beziehung alle Manipulation verschwindet. An dem Nachmittag war es das erste Mal, dass Fabian sagte, dass er mit dem anderen Jungen nicht spielen mag, weil er da immer tun müsste, was dieser sagt. Vorher hatte er es gar nicht »bemerkt« oder wahrgenommen. Die beiden Kinder haben die nächste Zeit seltener als zuvor miteinander gespielt. Fabian meinte auch mal, dass er zeigen müsste, dass er der Stärkere ist, aber inzwischen haben sich die beiden wieder gefunden und sind gern zusammen.

Christel

Guter Start

Gleich zu Beginn meines Einstiegs in das Gebetsnetz von *Mütter in Kontakt* wurde ich mit einer sehr schönen und wichtigen Gebetserhörung beschenkt.

Die Einschulung meiner Tochter stand kurz bevor. Ein neuer Lebensabschnitt sollte bald beginnen. Ich weiß gar nicht, wer aufgeregter war – Simone oder ich. Da ich mit ihr allein lebe und wusste, dass sie einen sehr liebenswürdigen, erfahrenen und souveränen Lehrer – einer der wenigen männlichen Vertreter in dieser Grundschule – bekommen sollte, betete ich dafür.

Auch heute, am Ende der ersten Klasse, bin ich noch dankbar dafür, dass Gott dieses Anliegen erfüllte. Simone mag ihren Lehrer sehr gerne und geht morgens fröhlich zur Schule.

Nadja

Für Gott ist nichts unmöglich

Es war im Frühjahr vor der Einschulung unserer Tochter Tabea, als der Chefarzt der Pädoaudiologie im Kinderkrankenhaus feststellte, dass Tabea unter einer zentralen Hörverarbeitungsstörung leide. Das hieß in unserem Fall, dass Tabea Probleme mit der »Sprachdiskrimination im Störschall«, der »phonomatischen Diskrimination« und mit dem Richtungshören hatte. Letzteres wirkte sich speziell im Straßenverkehr verheerend aus, da Tabea nicht sagen konnte, ob ein Geräusch von rechts oder links, oben oder unten kam. Der Arzt empfahl uns, Tabea nicht »normal« einzuschulen, sondern auf eine Sprachheilschule oder noch besser auf eine Gehörlosenschule zu schicken, da es für ihren Fall keine spezielle Schule gäbe. Er versorgte uns noch mit Listen von Schulen in unserem Landkreis und dem Tipp, mit ihr ein logopädisches Wahrnehmungstraining durchzuführen. Eine Aussicht auf Besserung oder Heilung gab er uns nicht, da wir schon viel früher hätten kommen sollen. Mit sechs Jahren sei diese Entwicklung im Gehirn bereits abgeschlossen. Später könne dies nur sehr mühsam und langwierig nachgeholt werden.

Mit einem riesigen Schmerz im Herzen und dem Gefühl der Ratlosigkeit fuhren wir wieder nach Hause.

Da standen wir nun mit unserem Kind. Die Einschulungsuntersuchung hatte bereits stattgefunden – ohne dass Auffälligkeiten festgestellt worden waren! Und morgen? Morgen war der von Tabea längst herbeigesehnte Termin der Schulanmeldung an der Grundschule unseres Ortes! Sie freute sich schon lange auf die Schule und hatte auf diesen Termin hingefiebert. Was sollten wir nur tun? Konnten wir ihr sagen, dass sie nicht »normal« ist, dass sie auf eine Gehörlosenschule gehen solle, obwohl sie ja eigentlich hören kann, wenn auch eingeschränkt? Sollten wir ihr einen Tag davor alle ihre Vorstellungen und ihre Vorfreude zunichte machen? Machten wir da nicht mehr kaputt?

Tabea war fast sechs Jahre alt. Bereits als sie vier Jahre alt war, war uns aufgefallen, dass sie Probleme mit dem Hören hatte. Wir stellten fest, dass sie – sobald es laut um sie herum war – nicht mehr verstehen konnte, was man sprach. Ebenso konnte sie während Autofahrten keine Hörspielkassetten verstehen. Bei der damals stattfindenden Untersuchung bei der Kinderärztin konnte diese nichts feststellen und fand es unnötig, uns zu einem Spezialisten zu überweisen.

Jetzt, zwei Jahre später, waren wir endlich, nach Wechsel des Arztes, auf Anraten des Kindergartens und auf unser Drängen hin, an der richtigen Stelle. Aber zwei Jahre zu spät!

Unsere ganzen Sorgen, unsere Ängste und Unsicherheit bezüglich der Einschulung brachten wir im Gebet vor Gott. Mein Mann und ich hatten beide den Eindruck, dass wir Tabea mehr schaden würden, wenn wir sie jetzt aus allem herausreißen würden und entschieden uns, sie »normal« einzuschulen. So meldeten wir sie am nächsten Tag an der Grundschule am Ort an. Wir entschieden uns aber auch dazu, niemanden dort von ihrer Diagnose in Kenntnis zu setzen, um zu verhindern, dass sie aus Unsicherheit oder Unkenntnis anders behandelt würde. Damit nahmen wir aber auch eine große Verantwortung auf uns. Was würde geschehen, wenn Tabea in der Schule nicht mitkommen würde?

In der darauf folgenden Zeit gaben wir immer wieder alles in Gottes Hände. Wir gingen mit ihr zu einer Logopädin, die mit ihr die verschiedensten Übungen machte.

Die Einschulung kam und es wurde ein schöner Tag. Tabea bekam eine junge, engagierte Klassenlehrerin.

Sechs Monate später gingen wir zur Kontrolluntersuchung ins Krankenhaus. Der Termin war montagmorgens um die gleiche Zeit, zu der ich normalerweise im MIK-

Kreis war. Dort hatten wir am Montag davor gemeinsam für Tabea um Heilung gebetet. Aber auch in unserer Gemeinde hatte ich es als Gebetsanliegen vorgebracht. So fuhren wir mit einem Gefühl des Hoffens zu diesem Termin.

Der Chefarzt war fassungslos! Er untersuchte Tabea nochmals. Schließlich meinte er kopfschüttelnd zu uns, dass ihm so etwas während seiner Zeit als Arzt noch nicht vorgekommen sei, aber Tabea würde jetzt plötzlich 90 % unter Störgeräuschen hören (letztes Mal waren es nur 40 % gewesen) und das Richtungshören sei auch ausgebildet. Lediglich eine leichte phonetische Differenzierungsschwäche sei noch vorhanden! Er war richtig baff, meinte aber, es gäbe ja schließlich nichts, was es nicht gibt!

Auf der Heimfahrt rief ich eine Mutter des MIK-Kreises an, um ihr von diesem Wunder zu erzählen.

Da erfuhr ich, dass genau zeitgleich, während Tabea untersucht wurde, die anderen Frauen vom MIK-Kreis für Tabeas Heilung gebetet hatten! Was für eine wunderbare Erfahrung!

Claudia

Überall hat Gott seine Leute ...

Noch vor der Einschulung meines Sohnes schloss ich mich einer MIK-Gruppe an, in der wir unter anderem für eine gute, gläubige (!) Lehrerin und eine gute Klassengemeinschaft für die neue erste Klasse beteten.

Schon vor den Sommerferien wurde dann bekannt, dass eine ganz neue Lehrerin die erste Klasse übernehmen würde, da die vorgesehene Lehrkraft die Schule verlassen würde. Ich konnte diese Nachricht gelassen aufnehmen, weil ich mir durch die Gebete ganz sicher war, dass diese Tatsache keine Verschlechterung bedeuten konnte. Bei den anderen betroffenen Eltern war die Aufregung groß.

Schon vier Wochen nach Schulbeginn zeigte sich, dass die Lehrerin ein echter Volltreffer war. Sie selbst lobte die Klasse für den guten Zusammenhalt und die gute Klassengemeinschaft, was in der ersten Klasse nach so kurzer Zeit sehr ungewöhnlich sei (Gebetserhörung!). Sie sagte, sie freue sich jeden Tag auf die Arbeit in und mit dieser Klasse. Außerdem bezeichnete sie sich selbst als gläubig und betete regelmäßig mit den Kindern (vor Schulbeginn am Morgen, oder z. B. für die Opfer des 11. September in den USA; aber auch für die Abiturprüfung ihrer Tochter, die der Klasse aus Dankbarkeit nach bestandener Prüfung einen Kuchen backte). Diese Lehrerin hat sich auch wiederholt mit Gebetsanliegen an unsere MIK-Gruppe gewandt. Nach inzwischen zwei Schuljahren können wir Gott nur von ganzem Herzen für diese Gebetserhörung danken.

Gerlinde

Anfangsschwierigkeiten

Unser Sohn Florian war in der ersten Klasse, als seine Lehrerin mir bei einem Elterngespräch mitteilte, dass er Schwierigkeiten beim Lesen habe und so langsam den Anschluss zu den anderen Klassenkameraden verlieren würde.

Uns war zu Hause auch schon aufgefallen, dass er beim Lesen Probleme hatte. Ich brachte unser Anliegen im MIK-Kreis vor und wir beteten für Florian. Es dauerte nicht sehr lange, bis uns zu Hause auffiel, dass Florian nun besser und fließender lesen konnte. Wir freuten uns für ihn.

Als dann kurz darauf noch seine Lehrerin auf mich zukam und mir bestätigte, dass es bei Florian mit dem Lesen wesentlich besser geworden sei, war meine Freude sehr groß.

Ich bin dankbar, dass ich in der Gemeinschaft des MIK-Kreises gezielt für unsere Kinder und deren Lehrer beten kann. Dabei kann ich alle kleinen und großen Anliegen immer wieder vor unseren himmlischen Vater bringen. Es ist schön, erfahren zu dürfen, dass unser himmlischer Vater uns hört und auch erhört.

Ursel

Auch eine Christliche Schule braucht Gebet

Als ich eines Tages in einer Zeitschrift eine Anzeige von *Mütter in Kontakt* las, hatte ich folgende Gedanken: »Ach, das brauchst du nicht! Unsere Tochter wird ja in eine Evangelische Schule gehen.«

Meine ursprüngliche Meinung sollte sich schnell ändern. Das Schuljahr begann und alles schien gut zu gehen. Doch sechs Wochen nach Schulbeginn erkrankte die Lehrerin schwer. Für Kinder und Eltern keine leichte Zeit. Das trieb die Mutter einer Mitschülerin und mich ins Gebet. Wir trafen uns wöchentlich, um für die Kinder und die Lehrerin zu beten.

Wir nahmen dann Kontakt zu *Mütter in Kontakt* auf und gaben unserem Gebetstreffen einen verbindlichen Rahmen. Weitere Mütter kamen zum Gebet. Wir haben gemeinsam erlebt, wie Gebet verändert und Gott unsere Bitten erhörte.

Die Lehrerin kam für das letzte halbe Schuljahr wieder, was eine wirkliche Gebetserhörung war. Die Kinder waren froh, ihre Lehrerin wieder zu haben.

Auch für die Kinder zu beten und jedes zu segnen, ist uns sehr wichtig geworden. Die Kinder sind doch vielen negativen Einflüssen ausgesetzt und brauchen unser Gebet. Wir erlebten, wie sich manches Kind positiv verändert hat und auch offen für den Glauben wurde, denn nicht alle Kinder kommen aus christlichen Familien. Gleichzeitig erlebten wir, wie Gottes schützende Hand jedes Kind bewahrt.

Gabriele

Die kleine Hexe

Als meine Tochter in die zweite Klasse ging, wollte die Lehrerin als Klassenlektüre »Die kleine Hexe« lesen.

Wir beteten im MIK-Kreis dafür, dass dieses Buch doch nicht als Lektüre gelesen werden sollte.

Zusätzlich ging ich, als Mutter, zur Lehrerin und erklärte ihr, dass wir an Jesus glauben und dass ich, obwohl die »Kleine Hexe« sehr bekannt ist, dieses Buch nicht unterstütze, weil Hexen und solche Themen immer mehr verharmlost werden würden.

Dies war so ca. fünf Monate vor dem Schuljahresende. Wir warteten, doch die Aktion »Klassenlektüre« fand nicht statt. Am Ende des Schuljahres ging ich zur Lehrerin, um mich persönlich für die zwei vergangenen Schuljahre bei ihr zu bedanken. Da erzählte sie mir, dass ihr meine Worte sehr nachgegangen waren, und gab mir Recht, dass diese Dinge heutzutage einfach verharmlost würden. Aus diesem Grund hatte sie von der Klassenlektüre Abstand genommen. Preist den Herrn!

Dagmar

»Pokémon-Seuche«

An unserer Grundschule breitete sich die »Pokémon-Seuche« aus. In der Pause und in den Schulbussen gab es kaum noch ein anderes Thema, als die neusten Karten und den Tausch.

Wir beteten in der MIK-Gruppe um Gottes Eingreifen und überlegten gleichzeitig, ob wir (als Eltern, nicht als MIK-Gruppe) das Gespräch mit den Lehrern suchen sollten, um über die Hintergründe zu informieren. Noch bevor wir eine Initiative in diese Richtung ergreifen konnten, handelte Gott! Innerhalb von zwei Wochen nach unserem Gebet wurde an der Schule ein »Pokémon-Verbot« erlassen, ohne dass wir mit irgendjemanden darüber gesprochen hätten.

Gerlinde

Neue Freiheit

Manuel (10 Jahre) sammelte letztes Jahr sehr viele Pokémon-Karten und lernte rasch alle ihre Namen (ca. 110) auswendig. Das Problem dabei war, dass er sich in diese »Monster-Karten« ganz und gar hineinversetzen konnte, nur noch davon sprach und in dieser Fantasie-Welt spielte. Dabei wurde es immer schwieriger, ihn für seine

Hausaufgaben zu motivieren und auch seine Aufmerksamkeit in der Schule sank rapide ab.

Wir nahmen Manuels Problem (die Abhängigkeit von den Pokémon-Monstern) in das Gebet unserer MIK-Gruppe hinein. Ich erzählte Manuel, dass wir dafür beteten. Ich sprach mit ihm darüber, warum es nicht gut für ihn sei, alle diese Karten zu besitzen und was Jesus dazu sagen würde. Ich bat ihn, er solle überlegen, was er machen könnte, damit er von dieser Abhängigkeit frei werden könnte. Dann betete ich noch mit ihm. Am nächsten Tag wollte er sich wieder neue Karten kaufen. Ich war enttäuscht über seine Dickköpfigkeit und erinnerte ihn an unser Gespräch. Daraufhin ging er in sein Zimmer und blieb ca. 10 Minuten dort. Ich betete, dass Jesus ihn anrühren möge und ihm helfen würde. Dann kam er herunter, doch anstatt wegzugehen, um Karten zu kaufen, sagte er, er hätte sich überlegt, dass er diese Karten in den Müll werfen wollte. Das tat er auch gleich! Ich war erleichtert, und zugleich lobte ich Gott für seine Güte.

Manuel sagte mir am nächsten Tag: »Mama, weißt du was? Seit ich die Karten weggeworfen habe, fühle ich mich ganz leicht.« Er hat seitdem keine Probleme mehr damit gehabt, und zeigte auch kein Interesse bei den nächsten Karten, die auf dem Markt folgten.

Christine

Gott ist da!

Seit nunmehr drei Jahren beten wir zu viert für unsere Kinder, deren Lehrer und ihre Grundschule. Eines unserer Gebete ist immer wieder, dass der Herr die Lehrer, die unseren Kindern schaden (bewusst oder unbewusst ...), verändern oder aus dem Lehrberuf entfernen möge.

Wir erlebten, dass der Religionslehrer dieser Schule, der die Bibel nicht als Gottes unverfälschtes und auch heute noch gültiges Wort, sondern als Sammlung von Legenden ansieht, unsere Kinder nicht mehr unterrichtet! Von unserer Seite wurde – außer zuvor genanntem MIK-Gebet nichts dazu beigetragen ...

Eine Hauptschullehrerin, die ebenfalls an unserer Schule unterrichtete (es handelt sich um eine Grund- und Teilhauptschule), ist seit Anfang diesen Jahres im Krankenstand. Als wir für die Genesung dieser Lehrerin beten wollten, erfuhren wir, dass es der von ihr geleiteten Klasse seit ihrem Fernbleiben deutlich besser geht. Die Klasse hatte vor den Abschlussprüfungen gestanden und offenbar ein großes Leistungsdefizit, das sie mit Hilfe des Aushilfslehrers gut aufarbeiten konnte.

Ein Junge einer dritten Klasse hatte plötzlich ohne erkennbaren Grund Mühe, allein in die Schule zu gehen, obwohl der Fußweg dorthin nicht einmal fünf Minuten beanspruchte bzw. er das zuvor schon länger geschafft hatte. Er ging nur noch in Begleitung der Mutter und verabschiedete sich aufgelöst in Tränen nur widerwillig am Klassenzimmer. Die Situation belastete die ganze Familie sehr, da sich niemand das Verhalten des Jungen erklären konnte und auch hinzugezogene Fachkräfte nicht mehr weiter wussten.

Wir beteten auch für diesen Jungen eine Zeit lang – und konnten auf Nachfragen erfahren, dass der »Spuk« genauso schnell vorbei war, wie er begonnen hatte.

Leider hat sich die Mutter des Kindes nicht zu MIK einladen lassen ...

Die Gebete um Weisheit in der Erziehung, um das Erkennen der Gaben und Talente unserer Kinder, um die richtigen Worte und Entscheidungen zur rechten Zeit sind immer wieder Bestandteil unserer MIK-Zeit.

So gehört es für mich auch zu den Gebetserhörungen, wenn wir hinter den morgendlichen Kopf- oder Bauchschmerzen unserer Kinder ihre eigentliche Not erkennen können – einfach dadurch, dass Gott uns z. B. an den Stundenplan erinnert …

So durfte ich gemeinsam mit unserem Sohn erleben, dass die gefürchtete Handarbeitsstunde (Stricken!) ausfiel. Für ihn war dies ein weiterer Schritt, im Glauben zu wachsen, da wir zuvor miteinander um Gottes Hilfe gebeten hatten …

Raphaela

Was lange währt …

Unsere Tochter Jenny war in der Grundschule in einer sehr schwierigen Klasse. Das soziale Verhalten war ziemlich schlecht. Nach jedem Elternabend gingen wir niedergeschlagen nach Hause. Die Lehrer hatten fast keine Zeit und Kraft mehr, sich um die Ruhigeren in der Klasse zu kümmern. Diese Situation brachten wir auch in unserer MIK-Gruppe vor Gott. Während der Grundschulzeit gab es eigentlich keine Veränderung, aber als Jenny dann in die Realschule kam, hörten wir am Elternabend ganz andere Töne. Der Klassenlehrer sagte, er habe den Eindruck, dass alle Kinder in der Klasse gut erzogen wären. Als dann ein Lehrerwechsel anstand, meinte er, dass die Klasse im Lehrerzimmer hoch gehandelt würde. Mehr als die Hälfte der Mädchen gehen in die Jungschar.

Cornelia

Ein Mädchen stand davor, das Klassenziel zu verfehlen. Wir beteten um Gunst bei ihrem Lehrer, mit dem sie sonst viele Probleme hatte. Sie erreichte das Klassenziel, weil dieser Lehrer ihr eine besondere Chance einräumte.

Meine Tochter brauchte dringend eine 4 in Mathe. Wir fanden niemanden, der ihr Nachhilfe geben konnte, dazu war sie selbst kaum motiviert. Nach unseren Gebeten fand sich jemand zur Nachhilfe und sie schaffte das Klassenziel in Mathe!

Einige Kinder hatten große Schwierigkeiten mit der Lehrmethode einer Lehrerin. Es lagen schon lange Beschwerden verschiedener Mütter vor. Leider nahmen weder die Lehrerin noch der Rektor der Schule diese Beschwerden ernst. Nach unseren Gebeten kam es dann doch zu einer Aussprache zwischen einer Mutter und dem Rektor und endlich war auch die Lehrerin einsichtig. Erstaunlich war: Wo vorher soviel Ärger war, wurde dieses Problem jetzt mit guten, freundlichen Gesprächen gelöst. »Preis dem Herrn.«

Am Ende des Schuljahres haben wir Briefe an die Schulen und Schokoladenpräsente verteilt. Die Reaktion der Lehrer war allgemein sehr positiv.

Helga

Gott verändert unsere Einstellung

Während der Gebetszeit wurde mir klar, dass ich meine kritische Einstellung gegenüber einer »schwierigen« Lehrerin aufgeben sollte. In Zukunft sollte ich dankbar für sie sein. Es gelingt mir nicht immer, aber ich werde immer wieder daran erinnert, dankbar für diese Frau zu sein. Unserem Kind geht es seitdem sehr gut in der Schule.

Kathrin

Auch wenn Mütter bisher nicht zusammen fanden ...

Es gab Schwierigkeiten auf dem Heimweg unter den Kindern. Eine Mutter reagierte mit dem Abbruch aller Kontakte zwischen den Kindern. Wir beteten für eine Lösung in dieser Situation. Zunächst änderte sich nichts, es kam kein Gespräch zustande. Dennoch hat Gott es so gefügt, dass die Kinder wieder miteinander spielen dürfen.

Kathrin

Konzentrationsprobleme, Lehrerwechsel und Elterngespräche

Wir beteten mehrmals intensiv für ein Kind, das große Konzentrationsschwierigkeiten hatte. Seit diesem Schuljahr ist es viel ruhiger und konzentrierter geworden.

Bei einer schwierigen Klasse war ein Lehrerwechsel die Lösung. Seit dem Wechsel kommt das Kind sehr viel fröhlicher nach Hause.

Nachdem wir beim ersten MIK-Treffen für anstehende Lehrer-Eltern-Gespräche sehr allgemein gebetet hatten, traf uns ein aufgebrachter Anruf einer Lehrerin doch sehr unangenehm. Daraufhin folgten weitere Telefonate mit anderen Lehrern, die sehr positiv verliefen. Auch das Elterngespräch, das auf den Anruf der Lehrerin erfolgte, nahm einen guten Verlauf. Wir haben uns vorgenommen, die Elterngespräche mit den jeweiligen Lehrern im Gebet »vorzubereiten«.

Kathrin

Offene Worte

Im April diesen Jahres trafen wir uns wie jeden Mittwoch zu unserer MIK-Stunde. Dort beteten wir schon seit einiger Zeit für meine Tochter Xenia, die in der 4. Klasse der Grundschule ist. Unser Anliegen war dabei eine gute Freundin für meine Tochter und eine bessere Klassenatmosphäre. Immer öfter kam meine Tochter weinend nach Hause und klagte, dass einige Kinder sie ärgern und über sie tuscheln würden. Mein Herz war schwer an diesem Morgen und ich wusste schon nicht mehr, wie ich für die Situation beten sollte. Gut, dass wir unser Augenmerk auf Gottes Macht richteten: »Es soll nicht durch Heer oder Kraft, sondern durch meinen Geist geschehen, spricht der Herr« (Sacharja 4,6).

Während unserer Fürbittezeit fiel mein Blick auf den Leiterordner: Beten mit Hilfe von Bibelworten. »Ist sicher vor Tyrannen« war mein Stichwort. »Du birgst Xenia in deinem Schutz vor den Rotten der Leute, du deckst sie in der Hütte vor den zänkischen Zungen.« Wie ein Stoßseufzer ging mir dieser Bibelvers über die Lippen, denn er traf genau meinen Wunsch, dass Gott meine Tochter schützen sollte, damit das Ärgern und Tuscheln keine Macht mehr über sie hatte.

Im Anschluss an die MIK-Stunde brachte ich Xenia ihre Handarbeitsutensilien vorbei, die sie für den kommenden Unterricht vergessen hatte. Als ich anklopfte und eintrat, saß meine Tochter tränenüberströmt auf ihrem Platz. Ich spürte, wie Ärger und Ohnmachtsgefühle in mir hochstiegen: »O Herr! Und das nach der MIK-Stunde!«, stöhnte ich innerlich.

Nach kurzer Absprache mit der Lehrerin nahm ich Xenia mit vor die Tür, um mit ihr zu sprechen. »Mama, die wollen sich an mir rächen – und ich weiß nicht einmal warum«, schluchzte sie. Ich versprach, ihr zu helfen und holte die beiden betroffenen Kinder zum Gespräch hinzu.

Im Stillen betete ich um Weisheit. Das Gespräch brachte ein drei Jahre zurückliegendes Fehlverhalten meiner Tochter an den Tag, wofür sie sich damals offiziell entschuldigt hatte.

Eines der Kinder lenkte ein, dass sie eigentlich aufhören müssten, Xenia das weiter nachzutragen. Das andere Kind jedoch stieß hervor: »Das kann ich ihr nicht vergessen!« Ich spürte, dass da noch ein anderer wunder Punkt war.

Noch am gleichen Tag sprach ich die Mutter des betroffenen Mädchens auf die Beziehung unserer Kinder an. Ich bin Gott sehr dankbar, dass er mir den Mut und die richtigen Worte dafür gab – und auch die Mutter des Mädchens zu diesem Gespräch bereit machte.

Xenia hatte das Mädchen vor zwei bis drei Jahren tief verletzt. Jedes Mal, wenn das Mädchen versucht hatte, eine Freundschaft zu verschiedenen anderen Mädchen aufzubauen, hatte sich Xenia dazwischengestellt. Irgendwann hatte das Mädchen dann resigniert aufgegeben, sich auf die Seite der Jungs gestellt und dort Stimmung gegen Xenia gemacht.

Als ich mit Xenia über die Sache sprach, konnte ich gleich erkennen, wie sehr sie über ihr damaliges Verhalten erschrocken war. Sie gab zu, dass sie wirklich schrecklich zu dem Mädchen gewesen sei, weil sie eifersüchtig darauf gewesen war, dass ein Junge aus der Nachbarschaft nicht mehr mit ihr, sondern mit dem Mädchen den Schulweg zurück legte. Auf meine Frage, wie es nun weiter gehen sollte, antwortete Xenia: »Ich rede morgen mit ihr und entschuldige mich nochmals.«

Ich freute mich, dass Xenia so schnell ihre Schuld erkannt hatte und wir beteten dafür, dass das Gespräch am nächsten Tag gut verlaufen sollte.

Was dann geschah, war Balsam für mein Mutterherz und erfüllt mich noch heute mit großer Dankbarkeit unserem Vater im Himmel gegenüber:

Nicht nur das Verhältnis zwischen Xenia und dem Mädchen, nein, das zur gesamten Klasse wurde deutlich besser. Beim Abschlussausflug durfte meine Tochter dann sogar bei einem Schautanz der Klasse mitwirken – und wurde von der Klasse gelobt, wie toll sie dadurch die Gruppe unterstützen würde.

Gott erhört Gebet! Dafür preise ich ihn. Halleluja!

Brigitte

»Wo zwei oder drei ...«

Unsere MIK-Gruppe trifft sich seit über zwei Jahren. »Gruppe« bedeutet in unserem Fall: meine Gebetspartnerin und ich. Das ist leider die ganze Gruppe. Am Anfang sprachen wir Frauen direkt an und luden ein. Aber wir bekamen nur Absagen. Zuerst waren wir enttäuscht, dann sagten wir uns: »Wo zwei oder drei in meinem Namen versammelt sind ...« Auf diese Zusage Gottes verließen wir uns und trafen uns treu zum MIK-Kreis. Inzwischen haben wir viele Gebetserhörungen – große wie kleine – erlebt.

Auf einer Tagung im letzten Spätjahr wurde mir klar, dass wir mehr an die Öffentlichkeit müssen und auch meine Gebetspartnerin war dazu bereit (davor fehlte uns der Mut).

So sagten wir an einem Abend während der Allianz-Gebets-Woche, was MIK ist und luden ein (Gebetsanliegen: Müttern sollte es ein Anliegen werden, für ihre Kinder zu beten und zu uns zu kommen). Doch die Aktion blieb ohne »Erfolg«. Danach schrieben wir einen Artikel mit Einladung in der kirchlichen Monatszeitschrift. Auch darauf hat sich keine Mutter gemeldet (eine will vielleicht im Sommer zu unserer MIK-Gruppe stoßen).

Später dann gingen wir beide in die Schule (Grundschule mit Förderstufe im Ort), mit Obstkorb und MIK-Info-Beilage, und stellten uns dem Lehrer vor. Seine Reaktion war so positiv und emotional/freudig, dass wir uns fast schämten, so lange gewartet zu haben. Er fragte auch, warum wir es jetzt erst sagten. Stolz erzählte er es sofort im

Lehrerzimmer und die Reaktionen der Lehrer waren überaus positiv und freudig. Wir waren ganz erstaunt und beschämt über Gottes Treue und Gnade. So eine Reaktion hatten wir nie erwartet! Bei diesem Besuch hinterließen wir einen Brief an einen schwer erkrankten Lehrer (inzwischen gesund), den wir grüßten, uns vorstellten und sagten, dass wir für ihn beten würden. Er rief daraufhin zwei Tage später bei meiner Gebetspartnerin an, um sich persönlich zu bedanken – er war sehr bewegt. Unser Herr ist echt groß!

Sybille

Worte und Taten

Wir haben es uns u. a. zur Aufgabe gemacht, das Lehrerkollegium der Schule, für die wir beten, durch Worte und Taten zu ermutigen. Dazu sind wir in die Schule gegangen, um den Lehrern eine Aufmerksamkeit in Form eines ermutigenden Lesezeichens zu bringen. Darauf standen Dankesworte. Daraufhin bekamen wir von einer Lehrkraft einen sehr schönen Brief, in welchem wir ermutigt wurden, uns vertrauensvoll an sie zu wenden, falls wir mal ein Anliegen haben sollten. Das haben wir in Form einer Bitte später auch genutzt.

Wir baten die Lehrkraft, uns für unsere nächste Ermutigungsaktion »anzumelden«.

Als wir daraufhin einen Termin nannten und zu einem verabredeten Zeitpunkt in der Pause mit unserem »Ermutigungskoffer« auftauchten, hat uns diese Lehrkraft empfangen und dafür gesorgt, dass es im Lehrerzimmer ganz still wurde. Wir hatten plötzlich die volle Aufmerksamkeit von 60 - 70 Lehrern. In wenigen, aber prägnanten Sätzen konnten wir vortragen, warum wir so etwas tun, und dass wir für die Schule (Schüler und Lehrer) beten würden. Gott hatte die Leitung, das hat man total gespürt.

Danach gab es noch einige nette Gespräche. Inzwischen kennt man uns an der Schule!

Dank sei Gott!

Frauke

Falsche Freunde

Obwohl ich schon seit über 30 Jahren eine persönliche Beziehung zu Jesus habe, war ich ganz verzweifelt, als ich bemerkte, dass unser ältester Sohn Freunde hatte, die einen sehr schlechten Einfluss auf ihn hatten. Unser Sohn war immer ein lieber und fröhlicher Junge gewesen, mit dem man ohne Probleme über alles reden konnte.

Als ich versuchte, mit ihm über diese zwei Jungen zu sprechen, hat er aggressiv reagiert. Auch gegenüber seinen anderen früheren Freunden war er aggressiv geworden.

Dann habe ich zum ersten Mal von *Mütter in Kontakt* gehört und habe mit einer Freundin, die auch Probleme mit ihrem Sohn hatte, angefangen zu beten.

Ich konnte damals nicht mehr durchschlafen und hatte ständig Angst um meinen Sohn. Es war furchtbar. Gleichzeitig habe ich ein amerikanisches Buch über Gebetserhörungen gelesen. Zu lesen, wie Gott Gebete von Müttern erhört hat, hat mich sehr ermutigt und ich konnte plötzlich wieder durchschlafen.

Ich habe weiter gebetet und habe nicht mehr über die zwei Jungen gesprochen, sondern nur gehorsam auf Gottes Antwort gewartet. Und die Antwort kam! Nach einigen Monaten hat sich mein Sohn von diesen zwei Jungen getrennt. Ohne, dass ich ihn dazu aufgefordert hätte, hat er sich bei seinen Freunden entschuldigt.

Zwei Jahre sind jetzt seit dieser Geschichte vergangen und mein Sohn hat jetzt nette Freunde, die oft zu uns kommen. Ich lobe Gott jedes Mal, wenn sie bei uns sind. Statt Angst und Verzweiflung sind jetzt Freude und Gelassenheit in meinem Herz und ich schlafe immer noch durch!

Ich bin MIK-Kontaktperson geworden, weil es mir ein Herzensanliegen ist, dass sich alle Mütter auf Gott konzentrieren und nicht auf ihre Sorgen und Angst.

Yann

Gott wirkt in allerlei Bereiche

Auf Gebet hin wurde an unserer Schule ein Schülerbibelkreis begonnen. Im Durchschnitt treffen sich dort einmal wöchentlich ca. 20 Schülerinnen und Schüler. Sie bekamen vom Rektor die Erlaubnis, immer wieder einmal christliche Musik und Berichte über das Schulradio zu senden.

Auf dem Schulhof wurde mit Drogen gehandelt. Der Junge einer Mutter aus der MIK-Gruppe bekam es mit, hatte aber große Angst, den Verantwortlichen der Schule etwas zu sagen. So vertraute er sich seiner Mutter an, wollte aber nicht, dass sie es dem Rektor sagte.

Wir beteten für diese Sache und die Mutter ging zum Rektor der Schule, um die Angelegenheit zu besprechen:

Der Rektor selbst konnte die Bande »schnappen«, die ihr Unwesen auch schon auf einem Spielplatz im Nachbarort trieb.

In einer Unterrichtsstunde wurde mit Tischrücken und anderen okkulten Praktiken hantiert – und das öfter. Wir beteten und der Herr hat eingegriffen: Nie wieder haben wir etwas davon gehört.

Eine MIK-Mutter war um ihren Sohn besorgt, weil er in der Schule mit chaotischen Jungs zusammen war. Wir beteten um Bewahrung und dass die Jungs für Jesus gewonnen werden konnten. Es dauerte nicht lange, bis sie zum Schülerbibelkreis mitkamen. Und: einer von ihnen hat sich für eine persönliche Beziehung zu Jesus entschieden!

Eine Mutter, die noch keine persönliche Beziehung zu Jesus hatte, hatte so viele Probleme mit ihren Kindern, dass sie fragte, ob sie in eine MIK-Gruppe kommen könnte, damit für ihre Kinder gebetet werden konnte. Nach kurzer Zeit fand sie selbst zu einer persönlichen Beziehung zu Jesus und ist mit Freude dabei!

Marianne

Gott ist ein gerechter Richter

Mein ältester Sohn und einige seiner Klassenkameraden wollten ihre Literaturnote verbessern. So entschlossen sie sich, außerhalb der Stadt, in einem abgelegenen Industriegebiet, einen Film zu drehen. Dabei passierte meinem Sohn ein kleiner Unfall, wobei aber kein Schaden entstand. Es war lediglich ein Verkehrsschild, das locker in die Erde gesteckt war, umgekippt. Die Jungen sahen den Vorfall als eine Lappalie an und da es schon dunkel wurde, wollten sie das Schild am nächsten Tag wieder aufstellen. Jemand hatte aber die Sache beobachtet und der Polizei gemeldet.

Und so kam es durch feindselige Menschen zu einer großen Ungerechtigkeit. Mein Sohn bekam gleich zwei Anzeigen: ca. 350,– € Geldstrafe, 10 Punkte in Flensburg und Führerschein-Nachschulung.

In unserer MIK-Gruppe beteten wir, dass Gott eingreifen möge, doch es kam zum Gerichtstermin.

Als sich unsere Gruppe zum letzten Mal traf, um für die Verhandlung zu beten, bekam ich vor der Gebetsstunde eine Karte zugeschickt mit dem Vers aus Matthäus 18,20: *»Wo zwei oder drei versammelt sind in meinem Namen, da bin ich mitten unter ihnen.«* Ich habe mich sehr darüber gefreut, denn ich sah es als eine Bestätigung, dass Gott unser Gebet erhören würde. So stellten wir uns dann im Gebet auf die Verheißungen Gottes. Gott ist ein Gott der Gerechtigkeit und er lässt keine Ungerechtigkeit gegenüber unseren Kindern zu:

»Der Herr … lässt ihn (den Gerechten) vor Gericht nicht zum Schuldigen werden« (Psalm 37,33).

»… und alle, die auf ihn (den Herrn) trauen, werden frei von Schuld« (Psalm 34,23).

Wir beteten, dass Gott das Herz des Richters nach seinem Rat und zu seiner Verherrlichung lenken würde.

Am Tag der Gerichtsverhandlung, genau zu der Zeit, hat der Heilige Geist mich zu Hause an das Lied *»Gott ist gegenwärtig«* erinnert. Ich habe dann anhand dieser Tatsache gebetet. Kurz danach kam mein Sohn froh nach Hause; der Herr hatte das Wunder getan. Mein Sohn wurde freigesprochen. Alle Schuld wurde ihm erlassen!

Dem Herrn sei Ehre und Dank. Er erhört Gebet!

Gisela

Gott sorgt vor

Mein Sohn hatte eine Rechtschreibschwäche und konnte somit nicht auf die Realschule gehen. Viele ärztliche Beratungen und Untersuchungen halfen nicht. Er musste auf die Hauptschule. Wir beteten, dass ich ein uneingeschränktes *Ja* zu dieser Entscheidung bekommen würde und der Herr schenkte es. Unsere Gebete für diese Schule und für meinen Sohn waren nicht umsonst. Mein Sohn machte dort den Realschulabschluss (9+1) – die Werkrealschule – mit sehr guten Noten.

Der Herr schenkte es, dass er für eine Ausbildung bei einer namhaften Computerfirma sofort eine Zusage bekam – obwohl unter seinen unzähligen Mitbewerbern viele Gymnasiasten und Realschüler waren.

Mein Sohn macht nun seine Ausbildung.

Wie groß ist doch unser Herr. Er weiß viel besser, was für unsere Kids gut und richtig ist. Ich möchte ihm noch fester vertrauen und mein Herz noch inbrünstiger vor ihm für meine Kinder ausschütten.

Beate

Gottes Wege

Immer wieder haben wir uns mit der Bitte an Gott gewandt, noch eine christliche Lehrerin an unsere Schule zu schicken. Gott hat auf seine Weise geantwortet: Der Sohn unseres Gemeindeleiters hat den in Pension gehenden Hausmeister abgelöst!

Die Kinder sind glücklich, wenn sie ihren Kakao bei unserem »christlichen« Hausmeister kaufen können.

Unser Gebet für eine gläubige Lehrkraft geht weiter. Wir sind gespannt, wie Gott reagieren wird …

Carmen + Maike

Gott hat einen langen Atem

Heute ist meine zweite Tochter ausgezogen, um ihren Studienplatz in einer ca. 600 Kilometer von uns entfernten Stadt einzunehmen. Der Auszug kommt, was die Reife in Sachen Finanzen und häuslicher Rücksichtnahme betrifft, einer Frühgeburt gleich. Trotzdem bin ich sehr, sehr froh, dass diese »Geburt« heute stattgefunden hat, weil ich weiß, dass Gott der Herr dieses Kind weiterhin reifen lassen wird, wo es dies von sich selbst aus mit großer Hartnäckigkeit verhindert hat.

Seit ihrer Geburt vor 22 ½ Jahren hatte sie die besten Chancen und Grundlagen für ein gelingendes Leben mitbekommen. Als sie 13/14 Jahre alt war, änderte sich viel. Sie begann, sich mit Freunden und Freundinnen zu treffen, zu denen wir keinen Zugang hatten, die wir entweder nur am Telefon oder zwischen »Tür und Angel« kennen lernen durften. Unsere Tochter hielt sich an keinerlei

Abmachungen mit dem Heimkommen, zur Schule schien sie »nur« pünktlich hinzugehen. Sie stellte sich total auf »Fun« und Amüsieren ein, war für Gespräche mit uns als Familie völlig unzugänglich, lebte die chaotischste Unordnung und legte ein freches Anspruchsdenken an den Tag.

Ich selbst hatte den Eindruck, als ob all mein Beten, Bibellesen, Hineinwachsen in die Gemeinde, Erzählen von biblischen Geschichten, Singen und Erziehen zu einem dankbaren Menschen im Vertrauen zu und in der Verantwortung vor dem dreieinigen Gott keinerlei Wert gehabt hatte. Das Leben in unserer Wohnung wurde äußerst spannungsreich, unübersichtlich und hoffnungslos. Ich ging zum Jugendamt und informierte mich, wie ich an dieses wahrscheinlich drogenabhängige Kind noch herankommen könnte, stellte auf Anraten der Sozialarbeiterin meiner Tochter eine ganz direkte, offene Frage in dieser Richtung, die sie mit einem kurzen »Nein« beantwortete. Nun war ich total hilflos und nahm mir vor, keine neuen menschlichen Kontakte mehr zu suchen. Bis dahin war ich ein kontaktfreudiger Mensch gewesen und konnte leicht Menschen ansprechen und einladen. Jetzt aber war ich dankbar, wenn ich vormittags, während die Kinder in der Schule bzw. im Kindergarten waren, meinen inneren und äußeren Tränen freien Lauf lassen konnte.

Ganz ohne mein Zutun und ganz von Gott geleitet, trafen die Mutter ihres damaligen Freundes, die meine Adresse nicht kannte, und ich zusammen, als ich aus unserer Haustür stürzte, um in großer Eile in der Stadtmitte ein Buch für jemanden zu besorgen. Sie schaffte es, trotz meiner Ablehnung, mich mehrmals freundlich zu bitten, ob wir nicht ein paar Sätze miteinander wechseln konnten. Ich sagte zu, wenn sie mich mit ihrem Wagen in die Stadt mitnehmen und wir auf dem Weg die Zeit dazu nutzen würden. Zehn Minuten später haben wir angehalten, beteten zusammen für unsere »Sorgenkinder« und taten dies von da ab fast täglich telefonisch. Wir riefen immer wieder den Sieg von Jesus über meiner Tochter und den Situationen aus, in die sie sich hinein begab und ich lernte, mich von Herzen »in dem Herrn aller Wege zu freuen«, die meine Tochter ging und die ich teilweise miterlebte – gerade auch die schlimmen Wege!

Ein Jahr später lernte ich *Mütter in Kontakt* auf einer Dankesfeier kennen und eine Mutter aus meinem Ortsteil entschloss sich, mit mir eine MIK-Gruppe zu beginnen. Von da ab beteten wir jede Woche für unsere Kinder, deren Schulen und Lehrer.

Fast unmerklich, ganz langsam wurde meine Tochter bewegt, zu lernen, etwas »für die Schule« zu tun. Auf der anderen Seite bekam ich Kraft und Mut, jeden Tag neu zu vergeben, Geduld zu üben und von Gott zu erwarten, dass er alles Verfahrene, alles Verletzte, alles Unsinnige in unserer Beziehung in seine Hand nahm und veränderte.

Weil ich nicht mehr darauf schauen brauchte, was ich verbessern müsste oder wie ich Einfluss auf meine Tochter nehmen konnte, hatte ich Kraft und Freude, für andere zu beten, in meinem Haushalt meinen Bereich mit Freude zu erledigen. Täglich machte ich mir bewusst, dass Jesus für alle meine Sünden und Eigenwege und auch für die ganze Schuld meiner Tochter schon am Kreuz »bezahlt« hat – auch für alles, was ich oder sie noch anstellen würden. Das hat mich immer wieder neu von Lasten befreit.

Sehr langsam, aber stetig, verbesserte sich unser Umgang

miteinander. Ich war angstfrei, egal, was sie tat oder was ihr passierte. Sie schaffte es, die Zeit am Gymnasium positiv abzuschließen, lernte hart zu arbeiten, gab anschließend das viele, sauer verdiente Geld wieder komplett für ihre Regenerierung in Asien aus und hatte den Wunsch, irgendetwas zu studieren. Diesen Wunsch konnten und wollten wir als Eltern (finanziell und psychisch) nicht mittragen. Einmal fiel sie sogar, zusammen mit ihrem Freund, gemeinsam von einem Balkon, vier Meter tief.

Der Herr, der meine Gebete hörte und nach seinen Vorstellungen erfüllte, hat alles wunderbar geleitet und führte die Lebenssituationen interessant und erfolgreich aus.

Das zeigt der heutige Tag, an dem mich meine Tochter zum ersten Mal seit ihrer jungen Kindheit, mal wieder richtig, mit Dankbarkeit und Frieden im Herzen, umarmt hat und nicht loslassen wollte.

Gott allein möchte ich mit diesem Bericht ehren und über alles loben. Er ist der wahrhaftige, heilige, lebendige, barmherzige und liebende Gott.

Anna

Gott kann hinzutun ...

Lange schon beten wir darüber, welche von den vielen Gebetserhörungen in unseren MIK-Gruppen wir weitergeben sollen.

Ganz schlicht kommt mir in den Sinn, dass eben dieses Buchprojekt eine Gebetserhörung von Gott ist!

Wir beten intensiv und anhaltend für weitere MIK-Gruppen im Landkreis und im ganzen Land. Wir glauben, dass Gott für jede einzelne der 44 000 Schulen in

Deutschland mindestens eine Gebetsgruppe entstehen lassen kann. Gott ruft Mütter in MIK-Gruppen, er ruft Schülerinnen und Schüler in die Schülerbibelkreise. Er ruft Lehrerinnen und Lehrer, dass sie sich treffen und regelmäßig/wöchentlich für ihre Schule beten.

Dieses MIK-Buch mit der Sammlung von Gebetserhörungen ist ein großartiges Instrument Gottes, um die Idee, dass für jede Schule in Deutschland gebetet werden soll, bekannt zu machen und möglichst viele mit dem Feuer des Gebets anzufachen und zu ermutigen, selbst in einer Gebetsgruppe mitzubeten oder eine neue Gebetsgruppe zu starten.

Wir segnen alle, die dieses Buch lesen werden, dass Jesus selbst zu ihrem Herzen sprechen wird und dass die Lektüre ihnen und den Schulen im Land zum Segen wird.

Wir halten im Glauben und voller Freude Ausschau danach, was Gott durch dieses Büchlein bewirken wird.

Gudrun

Mütter in Kontakt (MIK)

Wer sind wir?

Wir sind eine überkonfessionelle Bewegung von Müttern, die überzeugt sind, dass Gott durch unsere Gebete Menschen und Situationen verändert. Wir treffen uns wöchentlich zu zweit oder mehreren, um für unsere Kinder, deren Lehrer und Schulen zu beten. Durch das Gebet stehen wir in Verbindung (Kontakt) mit Gott, unseren Kindern, deren Schulen und miteinander. Wir tun, was in Jeremias Klagelieder 2, 19 steht:

»... schütte dein Herz aus vor dem Herrn wie Wasser. Hebe deine Hände zu ihm auf um des Lebens deiner jungen Kinder willen ...«

Für wen ist MIK?

MIK ist für alle Frauen, die das Verlangen haben, mit anderen zusammen für ihre Kinder, Enkelkinder oder Nachbarskinder und deren Schulen zu beten und die bereit sind, dafür wöchentlich eine Stunde einzuplanen.

Was ist unser Ziel?

Wir bringen das körperliche, seelische und geistliche Wohl unserer Kinder und ihrer Lehrer im Gebet vor Gott und beten gemeinsam für die ganze Schule wie auch für besondere Probleme im Schulalltag. Wir möchten, dass Gottes Reich in den Herzen unserer Kinder und deren Schulen gebaut wird.

Wie möchten wir das erreichen?

Wir wollen diese wöchentliche Stunde zum Gebet und nicht zum Austausch nutzen. Dazu verhilft uns eine bewährte Struktur von vier Schritten:

1. **Anbetung:** Wir richten unsere Blicke weg von den Problemen auf unseren großen Gott.
2. **Busse:** Wir legen in der Stille Versagen und Schuld ab und vergeben anderen.
3. **Danksagung:** Wir danken Gott direkt für alle Gebetserhörungen, die jetzt schon sichtbar sind.
4. **Fürbitte:** Wir bringen allgemeine Anliegen wie auch besondere Probleme unserer Kinder vor Gott.

Als MIK-Gebetsgruppe engagieren wir uns nicht politisch oder sozial für die Schulen. Wir möchten aber zu gegebener Zeit als Gruppe auch anderweitig aktiv werden (wir nennen das »Worte und Taten«), indem wir die Lehrer in ihrer Arbeit ermutigen und ihren Einsatz anerkennen. Wir tun das durch Dankesbriefe, z. B. bei einem besonderen Anlass, am Ende eines Schuljahres oder durch eine kleine Überraschung (Gebäck, Adventsgesteck für das Lehrerzimmer etc.) mit einem Kartengruß, in dem wir uns als MIK-Gebetsgruppe zu erkennen geben und den Lehrern mitteilen, dass wir jede Woche für sie beten.

Wo gibt es MIK-Gruppen?

Fern Nichols traf sich 1984 mit anderen Müttern, um für ihre Kinder an einer amerikanischen Highschool zu beten. Aufgrund ihres Beispiels und der erlebten Gebetserhörungen begannen sich weitere Gebetsgruppen zu bilden. Bereits am Ende des ersten Jahres war jede Schule im Distrikt mit einer Gruppe betender Mütter abgedeckt. Der neu entstandene Gebetsdienst erhielt einen Namen: *»Moms in Touch«* (übersetzt: »Mütter in Kontakt«). 1988, nachdem Fern und andere Frauen in einer Radiosendung von »Moms in Touch« berichteten, erhielten sie Anrufe und Briefe von über 20 000 Müttern, die auch eine Gruppe gründen wollten. Inzwischen ist diese Gebetsbewegung in über 90 Ländern mit mehr als 34 000 Gruppen vertreten. Das MIK-Büchlein wurde in 20 Sprachen übersetzt (14 weitere Sprachen sind in Vorbereitung). Seit 1995 gibt es dieses Büchlein auch in deutscher Übersetzung. Das MIK-Büchlein enthält Hilfen zum Start einer Gebetsgruppe, beschreibt die vier Schritte (Anbetung, Buße, Danksagung und Fürbitte), zeigt hilfreiche Bibelstellen auf und gibt Ideen für »Worte und Taten«.

Inzwischen gibt es 530 MIK-Gruppen in Deutschland mit je 2-10 Teilnehmerinnen!

Kann ich eine MIK-Gruppe beginnen oder Teilnehmerin werden?

Vielleicht gibt es in Ihrer Gegend schon eine MIK-Gruppe, der Sie sich anschließen können – wir geben gerne Auskunft.

Um selbst eine Gruppe ins Leben zu rufen, benötigen Sie nur eine andere Frau, die mit Ihnen für die Kinder und Schulen beten will. Das MIK-Büchlein gibt Ihnen Hilfe zum Aufbau und Leiten einer Gruppe. Wir helfen Ihnen gerne mit weiterem Vorbereitungsmaterial und – wo erwünscht und uns möglich – mit persönlicher Unterstützung.

Wir sind uns bewusst, dass es für jede Frau eine Herausforderung ist, sich diese Zeit zu nehmen. Aus unserer Erfahrung kommt jedoch die Gewissheit, dass es sich lohnt:

Gebet ist eines der wertvollsten Geschenke, das wir unseren Kindern machen können.

MACHEN SIE MIT?

(Quelle: Moms in Touch International)

Kontaktadressen

Deutschland:

Mütter in Kontakt e.V.
Ingrid Giger
Postfach 1241
73602 Schorndorf
Tel.: 07181/41 00 58
Fax: 07181/60 59 759
Mail: mik.de@t-online.de
Internet: www.muetterinkontakt.de

Schweiz:

Mütter in Kontakt
Vreni Henriksen
Postfach 164
CH-4436 Oberdorf
Mail: mik.schweiz@bluewin.ch

Österreich:

Mütter in Kontakt
Shelly Krahn
Im Kühhagel 19
A-2103 Langenzersdorf
Tel.: 022/44 30 769

Statt eines Nachworts

Es gefällt mir, die Zeichen und Wunder zu verkünden,
die Gott der Höchste an mir getan hat.

Denn seine Zeichen sind groß,
und seine Wunder sind mächtig,
und sein Reich ist ein ewiges Reich,
und seine Herrschaft währet für und für.

Daniel 3,32-33

Persönliche Gebetsnotizen

Persönliche Gebetsnotizen

Persönliche Gebetsnotizen

Persönliche Gebetsnotizen

Persönliche Gebetsnotizen

Persönliche Gebetsnotizen